„Ein kleiner Irrtum am Anfang
wird am Ende ein großer. / Aristoteles"[1]

1— Aristoteles zitiert in: Thomas von Aquin, De Ente et Essentia. Über das Seiende
und das Wesen.

Ein kleiner Irrtum
am Anfang ...

Karl Marx

und das

Grundgesetz der Arbeitsteilung

Gerd-Peter Leube

© 2019 Gerd-Peter Leube

Verlag & Druck: tredition GmbH, Halenreie 40-44, 22359 Hamburg

ISBN
978-3-347-21066-0 (Paperback)
978-3-347-21067-7 (Hardcover)
978-3-347-21068-4 (e-Book)

Inhalt

Vorwort

Vorwort

Einige Jahre vor dem Zusammenbruch der Deutschen Demokratischen Republik spielte mir der Zufall zwei verstaubte Koffer voller Bücher zu. Die meisten davon waren die damals sogenannten Klassikern des Marxismus/Leninismus, zusammen gut sechzigtausend Seiten wortreiches Material. Auf Grund meiner politischen Vorstrafen durfte ich zu dieser Zeit nicht mehr als Ingenieur arbeiten, aber immer nur unterqualifizierte Arbeiten waren mir auf Dauer zuwider. Mit dem Inhalt der beiden auf einem Dachboden entsorgten Koffern fand ich eine neue Herausforderung.

Selbstverständlich musste ich mich ein wenig konspirativ verhalten, denn die marxistischen Genossen Geheimpolizisten witterten auch bei mir weiterhin staatsfeindliche Aktivitäten. Aus ihrer Sicht hatten sie nicht unrecht, denn wenn ein verurteilter "Staatsfeind" trotz Haft weiterhin uneinsichtig bleibt und im Stillen kritische Marx-Studien treibt, dann war revolutionäre Wachsamkeit angebracht.

Natürlich habe ich nicht alle Bücher und Broschüren aus den beiden Koffern komplett gelesen. Es musste ausgesondert werden. Allein die neunhundertdreiundsechzig Seiten des ersten Bandes des Marx´schen Hauptwerkes "*Das Kapital*"[2] beinhalteten genug Stoff zum Lesen und Nachdenken. Aber ich bekam, wie andere vor mir auch schon, bereits am Anfang seiner Analyse des Kapitalismus Schwierigkeiten des Verstehens. Lag das wirklich nur an mir, oder gab es am Anfang seiner kritischen Untersuchung eine Ursache, die das Verständnis zwangsläufig erschweren musste? Die sollte heute offenkundig sein, denn beispielsweise ist bereits im Vorwort zum Buch die Gleichsetzung der *"sehr inhaltlosen und einfachen"* Wertform mit einer Körperzelle ein grundsätzlich falscher Ansatz.

2   Karl Marx: Das Kapital. Berlin: Dietz Verlag 1960

Anstatt die angebliche Inhaltslosigkeit von Wert- und Zellenform auch noch rabulistisch durch das Wörtchen "sehr" zu steigern , wäre "*scheinbar*" das bessere gewesen. Richtig aber war, dass darin ein Geheimnis[3] verborgen sein müsste.

Karl Marx hat dieses Geheimnis leider nicht aufgedeckt. Bezeichnend ist beispielsweise sein Brief vom Frühjahr 1851 an seine Freund Friedrich Engels, in dem er ankündigt: *"Ich bin soweit, dass ich in fünf Wochen mit der ganzen ökonomischen Scheiße fertig bin."*[4] Abgesehen davon, dass es schon etwas erschreckend ist, wenn Marx die Ergebnisse seiner Studien für sein Lebenswerk so drastisch bezeichnet, dauerte es statt 5 Wochen dann doch noch 16 Jahre bis der erste Band *Das Kapital* endlich erscheint.

Aber auch bis zu seinem Tod, wieder 16 Jahre später, erscheinen die 1867 im Vorwort des 1. Bandes angekündigten drei Folgebände nicht. Die "ökonomische S...." war anscheinend komplizierter als gedacht.

Nichts Geringeres als das innere Bewegungsgesetz der modernen kapitalistischen Gesellschaft wollte er aufdecken, doch seine Analyse litt, wie gezeigt werden soll, bereits an einem kleinen Fehler am Anfang.

Heute wissen wir, dass pflanzliche und tierische Zellen alles andere als "inhaltlos" sind, denn sie sind bereits in ihrem Inneren gezielt energiesparend arbeitsteilig organisiert. Das zugrunde liegende Entwicklungsgesetz einer arbeitsteilig aufgebauten Zelle und das einer sich arbeitsteilig entwickelnden menschlichen Gesellschaft ist vielleicht ein und das selbe.

"Diese Form ist etwas schwierig zu analysiren, weil sie einfach ist" und zur Erinnerung dazu seine Anmerkung auf Seite 15 der Erstausgabe *Das Kapital* von 1867: *"Sie ist gewissermassen die Zellenform oder, wie Hegel sagen würde, das An sich des Geldes."*

3   Ebenda S.53
4   MEW. Bd.27. Dietz Verlag Berlin 1963. S.228

"Schwierig weil einfach!", da hat Marx allerdings auch heute noch recht, denn auch ich habe mittlerweile mehr als 32 Jahre an der Lösung dieses Problems gearbeitet. Hätte Karl Marx bei seinen umfangreichen Studien auch die folgende Ansicht Aristoteles über Gerechtigkeit berücksichtigt: *"Denn das Proportionale ist ein Mittleres, das Gerechte aber ist ein Proportionales. Die Mathematiker nennen es eine geometrische Proportion; denn in der geometrischen Proportion verhält sich die eine Summe zur anderen Summe wie das eine Glied zum anderen Gliede."*[5], dann wäre beispielsweise, zwar aufwändig mittels Wertetabelle und Zeichnung, aus der einfachen geometrischen Proportion 1 : x = x : 2 folgende Grafik zu erstellen möglich gewesen:

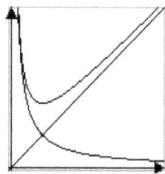

Sie ist das abstrakte Bild einer Extremwertaufgabe, nämlich eines Minimierproblems, welches wir heute Dank Computer, Internet und Suchmaschinen mittels beider Terme und deren Summe in Sekundenschnelle erhalten können.

Wer aber glaubt, es handele sich bei diesem zu einer stetigen Proportion verallgemeinerten Problem nur um so relativ einfache Aufgaben wie beispielsweise die Minimierung des Umfangs von ungleichseitigen Rechtecken in flächengleiche Quadrate, der täuscht sich. Es verbirgt sich dahinter nichts Geringeres als das Grundgesetz der Arbeitsteilung mit ihrer optimalen und gerechten Gestaltung.

5   Nikomachische Ethik, I.Teil , a) Das Gerechte im Austeilen

1. Minimierung durch Arbeitsteilung

Obwohl die Nutzung des Phänomen Arbeitsteilung mittlerweile selbst in einfachen lebenden Zellen wissenschaftlich anerkannt ist, gibt es immer noch Unklarheiten über die dieser Naturerscheinung zu Grunde liegende Gesetzlichkeiten.

Um ihnen näher zu kommen, wird in dieser Schrift modellhaft vereinfacht davon ausgegangen, dass am Anfang einer angenommenen arbeitsteiligen Entwicklung zwei Wirtschaftseinheiten von der Selbstversorgung mit zwei Produkten oder Diensten zu deren arbeitsteiligen Versorgung übergehen. Das Modell besteht deshalb nur aus vier Aufwandswerten, wobei vorerst unberücksichtigt bleibt, welcher Art der Aufwand ist und somit nur Zahlenwerte im Modell erscheinen. An einem einfachen Beispiel mit je zwei qualitätsgleichen Erzeugnispaaren kann die Minimierung des Aufwandes durch Arbeitsteilung dargestellt werden:

	Aufwand bei Selbstversorgung/Einheit	
	1 Produkt$_1$	1 Produkt$_2$
Wirtschaftseinheit $_1$	2	1
Wirtschaftseinheit $_2$	1	2

Bei dieser Anordnung der Aufwandswerte ist offenkundig, wer welches Produkt reduziert und welches mehr produziert, um anschließend das eine Mehrprodukt gegen das andere auszutauschen. Durch diesen Austausch sind beide Versorgungsniveaus wieder wie vorher, aber die Wirtschaftspartner sparen absolut je eine Aufwandseinheit ein und reduzieren ihren absoluten wie ihren relativen Aufwand auf die Hälfte. Solche Werteanordnungen sind aber nur Ausnahmen. Die Regel sind überwiegend mehr oder weniger unterschiedliche Größen, deren Verhältnisse letztlich von entscheidender Bedeutung sind. Um das zu zeigen, soll als zweiter Schritt ein noch weiter vereinfachtes Modell betrachtet werden.

Obwohl nur wenig verändert, ist das 2. Modell etwas schwieriger zu lösen.

	Aufwand bei Selbstversorgung/Einheit	
	1 Produkt$_1$	1(x) Produkt$_2$
Wirtschaftseinheit $_1$	2	1
Wirtschaftseinheit $_2$	1	1

Dass das Produkt mit dem größeren Aufwand vermindert hergestellt werden sollte, ist auch hier so, diagonal dann das andere ebenfalls. Die beiden anderen Produkte werden in einem bestimmten Verhältnis zum Austausch über den Eigenbedarf mehr produziert.

Aber welcher Faktor x zum Rücktausch "1 Produkt$_1$ gegen x Produkt$_2$" ist hier der richtige? Er müsste zwischen 1 und 2 liegen. Einerseits könnte man sich durch Probieren an die richtige Lösung heran tasten. Doch der genauere Weg ist die Verallgemeinerung, die zu folgenden Werten führt:

	Aufwand				Einsparung bei AT		Aufwands-Minimum
	1 P$_1$	1(x) P$_2$	Bei SV	Bei AT	abs.	rel.	relativ
WE $_1$	2	1	2	1,41	0,59	0,29	0,71
WE $_2$	1	1	1,41	1,00	0,41	0,29	0,71

WE$_1$: Wirtschaftseinheit$_1$;   P$_1$: Produkt$_1$;   SV : Selbstversorgung;
WE$_2$: Wirtschaftseinheit$_2$;   P$_2$: Produkt$_2$;   AT : Arbeitsteilung
Zahlen sind auf zwei Stellen nach dem Komma gerundet

Dieses Ergebnis ist nicht zufällig das beste sondern auch ein gerechtes, denn es beruht, wie schon Aristoteles[6] schrieb, auf der geometrischen Proportion $1 : x = x : 2$, deren mittlere Proportionale $x = \sqrt{2} = 1,41...$ scheinbar der bestmögliche Tauschfaktor x ist. Denn neben der Gleichheit der beiden relativen Minima zeigen die so erzeugten absoluten Ergebnisse noch die Besonderheit von sechs absoluten Verhältnis-Gleichheiten.

6   Nikomachische Ethik: "Denn das Proportionale ist ein Mittleres, das Gerechte aber ist ein Proportionales. Die Mathematiker nennen es eine geometrische Proportion ..."

Wenn also Wirtschaftseinheit1 1 Produkt1 weniger und x = 1,41 Produkte2 mehr als für den Eigenbedarf benötigt herstellt und Wirtschaftseinheit2 andererseits x = 1,41 Produkte2 weniger, dafür aber 1 Produkt1 mehr herstellt, sind nach Austausch der jeweiligen Mehrprodukte beider Versorgungsniveaus wieder auf dem ursprünglichen Stand, aber beide Einheiten haben ihren dafür notwendigen Aufwand relativ auf rund 0,71 oder 71% reduziert. Verallgemeinerte Dargestellung:

	Aufwand bei Selbstversorgung	Reduzierter Aufwand durch Arbeitsteilung	
		absolut	relativ
WE_1	2	1x	$\dfrac{1x}{2}$
WE_2	1x	1	$\dfrac{1}{1x}$

Die umgestellte Gleichsetzung der relativen reduzierten Aufwendungen ergibt die geometrische Proportion $1 : x = x : 2$. Beide Terme addiert ergeben das relative Gesamtergebnis $y_{rel.ges.} = 1/x + x/2$. Die graphischen Darstellungen von relativen Einzel- und Gesamtergebnissen zeigen dann folgendes Bild:

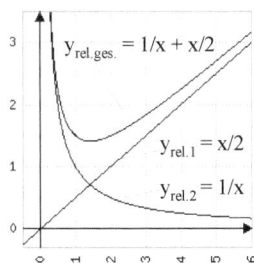

Der Tiefpunkt des relativen Gesamtergebnisses scheint über dem geometrischen Mittel $x = \sqrt{2 \cdot 1} = 1,41...$ zu liegen, da wo auch die Graphen der relativen Einzelergebnisse sich kreuzen.

Wir haben hier also ein Extremwert-Problem vorliegen, deren Zielfunktion die Minimierung des relativen Gesamt-Aufwandes ist.

Durch Differenzieren finden wir den dazu notwendigen Tauschfaktor x.

Zielfunktion: $y_{rel.ges.} = 1/x + x/2$

1. Ableitung: $y'_{rel.ges.} = -1/x^2 + 1/2$

    Null stellen: $\quad 0 = -1/x^2 + 1/2$

$$1/x^2 = 1/2$$

$$x^2 = 1 \cdot 2 \qquad \longrightarrow \qquad (1 : x = x : 2)$$

$$x = \sqrt{2} = 1,414...$$

2. Ableitung: $y''_{rel.ges.} = +2/x^3$

Da sie einen positiven Wert ergibt, liegt ein Tiefpunkt vor.

$y_{rel.ges.} = 1/x + x/2 = 1/1,414 + 1,414/2 = 0,707 + 0,707$

$y_{rel.ges.} = 1,414$ [7]

Wir können nun auch annehmen: Die geometrische Proportion bewirkt bei richtiger Anwendung eine optimale arbeitsteilige Aufwands-Minimierung.

Richtige Anordnung deshalb, weil es zu der behandelten Form 1 : x = x : 2 noch ihre Umkehrung 2 : x = x : 1 gibt, die einen Mehraufwand bewirken würde. Zum Vergleich sollen deshalb die beiden gegensätzlichen Grafiken gegenüber gestellt werden.

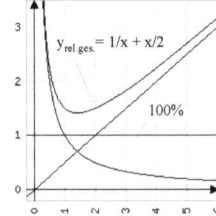 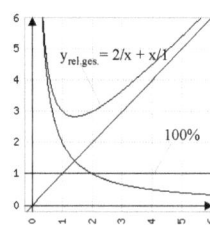

Sie zeigen bildlich, dass es bei einer zweiseitigen Arbeitsteilung neben der minimierenden noch eine Aufwand vergrößernde Verteilung gibt.

7 Alle Nachkommastellen auf drei gerundet

Das gilt auch für das 3. Modell, welches nur für Freunde der magischen Quadrate wertlos ist, weil sich keine Summengleichheiten von Zeilen, Spalten und Diagonalen herstellen lassen. Aber als arbeitsteiliges Optimierungs-Problem ist es dafür besonders interessant, weil sich hier auch zeigen lässt, dass das arbeitsteilige Problem sogar unabhängig von Größe und Anordnung der Aufwandswerte besteht[8].

	Aufwand bei Selbstversorgung/Einheit	
	1 Produkt$_1$	1(x) Produkt$_2$
Wirtschaftseinheit $_1$	4	3
Wirtschaftseinheit $_2$	1	2

Auch hier ist es das geometrische Mittel der beiden Aufwandsverhältnisse, als Austauschfaktor x einer zweiseitigen Arbeitsteilung benutzt, welches das optimale Minimum an Aufwand bewirkt.

$$1/2 : x = x : 4/3 \longrightarrow x^2 = 1/2 \cdot 4/3 \longrightarrow x^2 = 4/6 \longrightarrow x = \sqrt{4/6} = 0{,}816...$$

	Aufwand				Einsparung bei AT		Aufwands- Minimum
	1 P$_1$	1(x) P$_2$	Bei SV	Bei AT	abs.	rel.	relativ
WE $_1$	4	3	4	2,45	1,55	0,39	0,61
WE $_2$	1	2	1,63	1	0,63	0,39	0,61
x $_{rel. Min.}$ =	0,82			Gesamt:	2,18	0,78	1,22

* Alle Nachkommastellen auf zwei gerundet

Neben der Gleichheit der relativen minimalen Werte sind auch die relativen Einsparungen gleich. Aber im Gegensatz dazu stehen die absoluten Einsparungen: Sie sind ungleich. Doch der wirtschaftlich schwächeren Einheit WE1 wird absolut mehr Einsparung zugeteilt. Diese Verteilung, die mit dem geometrischen Mittel der beiden Aufwandsverhältnisse als Austauschfaktor x erzeugt wird, kann deshalb zusätzlich auch als eine gerechte und somit insgesamt optimale Lösung betrachtet werden.

8 Ricardo, David: Über die Grundsätze der Politischen Ökonomie und der Besteuerung

Abschließend soll hier noch einmal auf die wichtige Besonderheit der optimalen Lösung hingewiesen werden, nämlich die sechs Verhältnisgleichheiten der absoluten Ergebnisse:

	Aufwand		Einsparung
	Bei SV	Bei AT	absolut
WE $_1$	4,00	2,45	1,55
WE $_2$	1,63	1,00	0,63

Waagerecht	Senkrecht
4,00 : 2,45 = 1,63 : 1,00	4,00 : 1,63 = 2,45 : 1,00
4,00 : 1,55 = 1,63 : 0,63	4,00 : 1,63 = 1,55 : 0,63
2,45 : 1,55 = 1,00 : 0,63	2,45 : 1,00 = 1,55 : 0,63

Abweichungen von Gleichheiten durch die gerundeten Zahlen bedingt

Wenn beispielsweise beide Wirtschaftseinheiten ihre absoluten Ergebnisse betrachten und stellen bereits bei einem der sechs möglichen Verhältnisse Gleichheit fest, haben sie ihr Optimum bereits gefunden. Somit könnten sich selbst ungebildete Menschen nur durch einfaches Vergleichen ihrer absoluten Aufwendungen ihrem Tausch-Optimum annähern.

Bei allen anderen Austauschfaktoren als dem geometrischen Mittel der beiden Aufwandsverhältnisse gibt es diese sechs absoluten Verhältnis-Gleichheiten nicht, die relativen Ergebnisse sind durchweg nicht minimal und absolut oft zu Lasten des wirtschaftlich schwächeren Partners.

2. Maximierung der arbeitsteiligen Einsparungen

Bei den drei bisherigen Modellen wurde die arbeitsteilige Minimierung untersucht. Die andere Möglichkeit der Betrachtung ist die der Maximierung der Einsparungen. Sie soll hier stellvertretend wieder an Hand des 3. Modells dargestellt werden.

	1 P_1	1(x) P_2	Aufwand: Bei SV	Bei AT	Einsparung absolut	relativ
WE $_1$	4	3	4,00	2,45	1,55	0,39
WE $_2$	1	2	1,63	1,00	0,63	0,39
	$x_{rel.}$ = = 0,82			Gesamt:	2,18	0,78

Es ist auch hier das geometrische Mittel der beiden Aufwandsverhältnisse, welches als Austauschfaktor "x" relativ gleiche Einsparungen bewirkt. Dass er hier nun ein Maximum ergibt, kann auch mittels Verallgemeinerung der Einsparvergleiche gezeigt werden.

	Aufwand bei SV	AT	Einsparungen absolut	relativ
WE$_1$	4	3x	4 – 3x	$\dfrac{4-3x}{4}$ = 1 - $\dfrac{3x}{4}$
WE$_2$	2x	1	2x – 1	$\dfrac{2x-1}{2x}$ = 1 - $\dfrac{1}{2x}$
	Gesamt $_{abs.}$: 3 – 1x			Gesamt $_{rel.}$: 2 - $\dfrac{3x}{4}$ - $\dfrac{1}{2x}$

Man erhält nun jeweils drei Funtionen der absoluten bzw. relativen Einsparungen:

$$y_{abs.WE_1} = 4 - 3x \qquad y_{rel.WE_1} = 1 - 3x / 4$$
$$y_{abs.WE_2} = 2x - 1 \qquad y_{rel.WE_2} = 1 - 1 / 2x$$
$$y_{abs.ges.} = 3 - 1x \qquad y_{rel.ges.} = 2 - 3x / 4 - 1 / 2x$$

Diese Funktionen in zwei getrennte Koordinatensysteme eingetragen, ergeben zwei Gafiken, die sich deutlich unterscheiden.

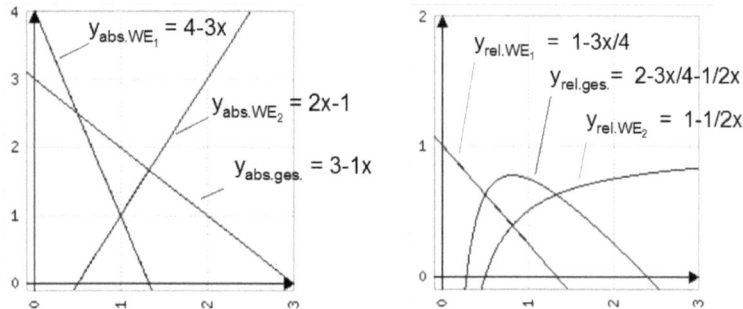

Die linke beinhaltet die absoluten Einsparfunktionen und zeigt, dass zwar eine absolute Einspargleichheit möglich ist, doch die absolute Gesamteinsparung aber selbst dann noch steigt, wenn die Wirtschaftseinheit$_2$ schon längst Verluste zugeteilt bekommt.

Das ist in der Grafik der relativen Ergebnisse nicht der Fall. Hier ist die relativen Gesamteinsparung eine Parabel mit einem Maximum, das über dem Schnittpunkt der beiden relativen Einzeleinsparungen zu liegen scheint. Durch Differenzieren der Formel der relativen Gesamteinsparung finden wir den zugehörigen x-Wert.

$y_{rel.ges.}$ = 2 - 3x/4 - 1/2x

$y'_{rel.ges.}$ = - 3/4 + 1/2x^2 Gleich Null setzen,

$\quad$ 0 = - 3/4 + 1/2x^2

$\quad$ 3/4 = 1/2x^2

$\quad\quad$ x^2 = 1/2 * 4/3 = 4/6

$\quad\quad$ x = $\sqrt{4/6}$ = gerundet 0,82

Die 2. Ableitung $y'' = - 1/x^3$ ergibt einen negativen Wert und bestätigt somit das der gesuchte Extremwert ein Hochpunkt und damit das gesuchte Maximum der relativen Gesamteinsparung durch Arbeitsteilung ist.

16

Dieser x-Wert entspricht auch hier der mittleren Proportionale der beiden vorarbeitsteiligen Aufwandsverhältnisse. Das ist auch der gleiche Wert, der nicht nur ein Maximum der relativen Gesamteinsparung sondern auch die relative Gleichheit der Einzel-Einsparungen bewirkt.

Bemerkenswerte Besonderheiten zeigen auch die über die pq-Formel entwickelte Nullstellen-Formel der relativen Gesamteinsparung:

$$x_{1,2} \;=\; 1{,}33 \pm \sqrt{1{,}33^2 - 1{,}33 \cdot 0{,}5}$$

Der Wert 1,33 ist das gerundete Aufwandsverhältnis der Wirtschaftseinheit$_1$ und die 0,5 das der Wirtschaftseinheit$_2$. Wenn nämlich die sich nach dem arbeitsteiligen Vergleichsschema ergebende Berechnungsformel der relativen Gesamteinsparung mit V_1 und V_2 weiter verallgemeinert wird,

$$\text{von} \quad y_{rel.gesamt} = 2 - \frac{3x}{4} - \frac{1}{2x} \quad \text{zu} \quad y_{rel.gesamt} = 2 - \frac{x}{V_1} - \frac{V_2}{x}$$

dann ergeben sich über die Normalform dieser quadratischen Gleichung und der pq-Formel für beide Aufwands-Verhältnisse ($V_1 > V_2$) im zweiseitigen arbeitsteiligen Maximier-Problem folgende allgemeine Nullstellen-Formel:

$$x_{1,2} \;=\; V_1 \pm \sqrt{V_1^2 - V_1 \cdot V_2}$$

Im Vergleich mit der "pq-Formel" oder auch der "Mitternachtsformel"

pq-Formel:

$$x_{1,2} = -\frac{p}{2} \pm \sqrt{\left(\frac{p}{2}\right)^2 - q}$$

Mitternachtsformel:

$$x_{1,2} = \frac{-b \pm \sqrt{b^2 - 4ac}}{2a}$$

zur Nullstellen-Berechnung sollte die anscheinend besondere Bedeutung der beiden Aufwandsverhältnisse V_1 und V_2 auch hier deutlich werden.

3. Die besondere Rolle der Verhältnisse

Obwohl bis jetzt nur mit drei verschiedenen Modellen zweiseitiger Arbeitsteilung gerechnet wurde, kam dabei zum Ausdruck, dass die zwei Aufwandsverhältnisse der zwei umzuverteilenden Produkte von besonderer Bedeutung sind. Unabhängig von Anordnung und Größe der vier mehr oder weniger unterschiedlichen Aufwandswerte wurde dabei letztlich deutlich, dass der optimale Austauschfaktor „x" bei dieser einfachsten Form der Arbeitsteilung das geometrische Mittel der jeweils zugrunde liegenden beiden Aufwandsverhältnisse ist.

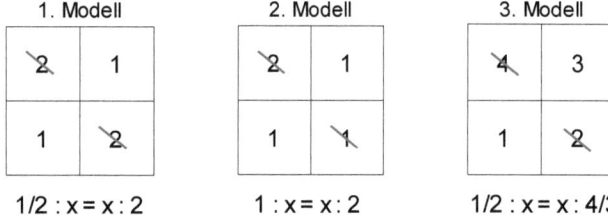

Das größere Verhältnis muss aber in den rechten Term der Proportion, denn sonst wird statt Optimierung nur eine arbeitsteilige Pessimierung dargestellt. Um das Ziel der Minimierung des Aufwands bzw. der Maximierung der Aufwandseinsparung allgemeiner darstellen zu können, ist es sinnvoller die beiden Aufwands-Verhältnisse mit V_1 und V_2 zu bezeichnen. So wie in der Physik das Volumen oder in der Elektrotechnik die Spannung jeweils mit mit V bezeichnet werden, kann das auch hier in der Ökonomie der Arbeitsteilung möglich sein. Allerdings handelt es sich hier um ein Verhältnis-Paar, bei dem die Bedingung gilt: V_1 größer als V_2 .

Als Grundlage für diese arbeitsteilige Optimierungs-Modelle gilt dann allgemein die geometrischen Proportion $V_2 : x = x : V_1$. Die mittlere Proportionale, als Austauschfaktor x, ist demzufolge immer die Wurzel des Produktes der jeweiligen Verhältnis-Paare: $x = \sqrt{V_1 \cdot V_2}$.

Die beiden Glieder der geometrischen Proportion $V_2 : x = x : V_1$ sind Teile der Formel der relativen Gesamteinsparung bzw. des relativen Gesamtaufwands bei Arbeitsteilung.

Arbeitsteilige Einsparung
relativ gesamt

$$y_{E.rel.ges} = 2 - \frac{x}{V_1} - \frac{V_2}{x}$$

Arbeitsteiliger Aufwand
relativ gesamt

$$y_{A.rel.ges.} = \frac{x}{V_1} + \frac{V_2}{x}$$

Beide sind quadratische Gleichungen mit einem Maximum bzw. einem Minimum. Für beide ist der dazu notwendige x-Wert das geometrische Mittel $\sqrt{V_1 \cdot V_2}$ der vor-arbeitsteiligen Aufwandsverhältnisse.

Wird das beispielsweise in die Zielfunktion der Aufwands-Minimierung eingesetzt,

$$y_{rel.ges.} = \frac{V_2}{\sqrt{V_1 \cdot V_2}} + \frac{\sqrt{V_1 \cdot V_2}}{V_1}$$

ergeben sich nach weiterer Vereinfachung diese Formeln:

$$y_{rel.ges.min.} = \sqrt{\frac{V_2}{V_1}} + \sqrt{\frac{V_2}{V_1}} \quad \text{bzw.} \quad y_{rel.einzel\,min.} = \sqrt{\frac{V_2}{V_1}}$$

Sie zeigen, dass beide Wirtschaftseinheiten das gleichgroße Minimum an relativen Aufwand haben, wenn sie das geometrische Mittel ihrer vor-arbeitsteiligen Aufwandsverhältnisse als Austauschfaktor „x" ihrer Tausch-Gleichung 1 Produkt$_1$ gegen x Produkte$_2$ benutzen. (Werte gerundet)

	1 P$_1$	1(x) P$_2$	Bei SV	Bei AT	abs.	rel.	relativ
			Aufwand:		Einsparung		Minimum
WE $_1$	4	3	4,00	2,45	1,55	0,39	0,61
WE $_2$	1	2	1,63	1,00	0,63	0,39	0,61
	x$_{GM}$ =	0,82		Gesamt:	2,18	0,78	1,22

Wenn nun aber das Verhältnis der beiden durchschnittlichen Aufwendungen als Tauschfaktor x benutzt wird, entsteht auch eine Gleichheit, aber nur die der absoluten Einsparungen. Die ist jedoch nicht optimal und irreführend.

	1 P_1	1(x) P_2	Aufwand: Bei SV	Bei AT	Einsparung abs.	rel.	Minimum relativ
WE $_1$	4	3	4,00	3,00	1,00	0,25	0,75
WE $_2$	1	2	2,00	1,00	1,00	0,50	0,50
$x_{abs.}$ = =	1			Gesamt:	2,00	0,75	1,25

Das relative Optimum wird damit nicht erreicht und ausgerechnet die wirtschaftlich schwächere Einheit wird sogar benachteiligt.

Eine nächste irreführende Gleichheit entsteht, wenn das Verhältnis 1 zu 3 der mehr zu produzierenden und danach auszutauschenden Produkte als Tauschfaktor verwendet wird.

	1 P_1	1(x) P_2	Aufwand: Bei SV	Bei AT	Einsparung abs.	rel.	Minimum relativ
WE $_1$	4	3	4,00	1,00	3,00	0,75	0,25
WE $_2$	1	2	0,67	1,00	-0,33	-0,50	1,50
x_{AT} = =	0,33			Gesamt:	2,67	0,25	1,75

Er bewirkt zwar gleiche Aufwendungen der Tauschgüter bei Arbeitsteilung, also die „berühmte/berüchtigte" Äquivalenz, doch hier im Schema <u>nicht</u> ausgeblendet, mit dem deutlichen Mehr-Aufwand für Wirtschaftseinheit2.

Das beste Ergebnis kann auch hier nur mit dem geometrischen Mittel der beiden Aufwandsverhältnisse erreicht werden. Das gilt für das Minimier- wie das Maximier-Problem der zweiseitigen Arbeitsteilung. So vereinfacht sich auch die Formel des relativen Maximums der Gesamteinsparung zu:

$$y_{rel.ges.max} = 2 - \sqrt{\frac{V_2}{V_1}} - \sqrt{\frac{V_2}{V_1}}$$

Das optimale Einzel-Minimum ist dann auch hier $y_{rel.einzel} = \sqrt{V_2 : V_1}$.

Wie weiter aus den Vergleichsrechnungen ableitbar, bewirkt V_1 oder V_2 als Austauschfaktor x benutzt, eine Null-Einsparung bzw. -Gewinn für die betreffende Wirtschafts-Einheit und das jeweilige Gesamtergebniss ist nicht optimal. Neben diesen Nullstellen im Minimier- sowie Maximier-Problem sind noch die zwei Nullstellen der relativen Gesamt-Einsparung formelmäßig erstaunlich einfach:

$$x_{1,2} = V_1 \pm \sqrt{V_1^2 - V_1 \cdot V_2}$$

Aber noch etwas an formelmäßiger Einfachheit ist bemerkenswert:
Wenn zum Beispiel die Formel des minimalen Aufwandes $y = \sqrt{V_2 : V_1}$ zu $V_2 = V_1 \cdot y^2$ umgeformt wird, ist eine Ähnlichkeit mit der Formel $E = m \cdot c^2$ zu erkennen. Der große Unterschied zwischen den beiden besteht jedoch darin, dass c als Lichtgeschwindigkeit sehr groß aber y, das relative Minimum, immer kleiner als Eins ist. Diese Kleinheit kann und wird aber in der Summe durch die überwältigende arbeitsteilige Vielfalt innerhalb und zwischen irdischen Lebensformen ausgeglichen werden.
Eine weitere Besonderheit ergibt sich aus der Formel $y = \sqrt{V_2 : V_1}$.
Die paarweise beteiligten Wirtschaftseinheiten können bei Wiederholungen ihrer arbeitsteiligen Zusammenarbeit trotz verdoppelter Produktivität nur noch halbierte Einsparungen erwirtschaften. Durch diesen mathematischen Grund wirkt zwangsläufig ein *tendenzieller Fall* relativen Einsparungen: Hier beispielsweise graphisch sichtbar gemacht mit einer ersten Arbeitsteilung und zwei anschließenden Produktivitäts-Verdoppelungen.

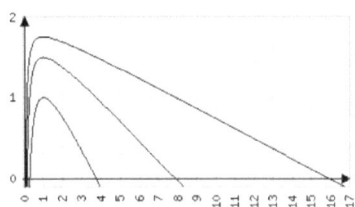

Ein Verlern-Effekt für die arbeitsteilig vermindert anfallenden Aufwendungen, unterstützt diese Tendenz. Dann stehen sich letztlich nicht mehr zwei verschiedene Verhältnis-Paare sondern nur noch zwei Produkte mit einem Aufwandsverhältnis gegenüber. Hier könnte dann anscheinend berechtigt das Äquivalenz-Verhältnis für den Austausch herangezogen werden.

Doch das Finden der Formeln $x = \sqrt{V_1 \cdot V_2}$ und $y = \sqrt{V_2 : V_1}$ einerseits und das Erkennen ihrer Konsequenzen andererseits ist auch heute scheinbar noch nicht einfach. Somit stehen bereits die beiden Seiten der geometrischen Proportion $V_2 : x = x : V_1$ für die beiden relativ gleichen optimalen Minima einer arbeitsteiligen Wechselbeziehung, auch wenn das nach vielfacher Wiederholung nicht mehr erkennbar ist.

4. Blindwirkender Durchschnitt oder Unsichtbare Hand?

Knapp ein Jahr nach dem langerwarteten Erscheinen seiner zeitweilig auch als „Saubuch" verfluchten Kritik der politischen Ökonomie mit dem Titel *Das Kapital* schreibt Karl Marx am 11. Juli 1868 einen Brief aus London an seinen lieben Freund Ludwig Kugelmann in Deutschland.

Kein Geringerer als der russische Revolutionär Lenin empfiehlt 1905 in seinem Vorwort zur russischen Ausgabe des Briefwechsel von Marx und Kugelmann den Lesern diesen Brief vom 11. Juli 1868 zum besseren Verständnis abschließend: *".. Es wäre nur zu wünschen, daß jeder, der Marx zu studieren und das „Kapital" zu lesen beginnt, gleichzeitig mit dem Studium der ersten und schwierigsten Kapitel des „Kapitals" auch den von uns erwähnten Brief läse und immer wieder läse.."*[9].

Wenn sich der kritische Leser von einigen Aussagen dieses Briefes nicht verwirren lässt, findet er außerdem noch andere bedenkenswerte Sätze. Z.B.:*"... Der Witz der bürgerlichen Gesellschaft besteht ja eben gerade darin, daß a priori keine bewußte gesellschaftliche Reglung der Produktion stattfindet. Das Vernünftige und Naturnotwendige setzt sich nur als blindwirkender Durchschnitt durch..."*[10]. Danach könnte sich der kritische Leser fragen, warum dann die gewaltsame Abschaffung der bürgerlichen Gesellschaft laut *Kommunistischen Manifest* von 1848, wenn sich in ihr das Vernünftige und Naturnotwendige sogar *nur* mittels blindwirkendem Durchschnitt durchsetzt? Und weiter: Warum dann nach der gewaltsamen Revolution eine kommunistischen Planwirtschaft, in der zwangsläufig der blind wirkende Durchschnitt auch nicht mehr das *"Vernünftige und Naturnotwendige"* bewirken kann?

Das Marxsche Bekenntnis zum *Vernünftigen und Naturnotwendigen* in der

---

9   Lenin Werke, Berlin 1959, Band 12, S. 96
10   Marx Engels Werke, Berlin 1974, Band 32, S.552-554

damaligen Gesellschaft ist aber nicht neu, denn schon fast 100 Jahre vor ihm hatte der schottische Nationalökonom Adam Smith in seiner Untersuchung über die Natur und die Ursachen des Wohlstands der Nationen geschrieben, der Einzelne "... *strebte er lediglich nach eigenem Gewinn. Und er wird in diesem wie auch in vielen anderen Fällen von einer unsichtbaren Hand geleitet, um einen Zweck zu fördern, den zu erfüllen er in keiner Weise beabsichtigt hat. ... ja, gerade dadurch, dass er das eigene Interesse verfolgt, fördert er häufig das der Gesellschaft nachhaltiger, als wenn er wirklich beabsichtigt, es zu tun.* "[11]

Worin besteht nun aber der Unterschied zwischen der "unsichtbarer Hand" des Adam Smith und dem "blindwirkenden Durchschnitt" des Karl Marx, wenn beides letztlich die Gesellschaft fördert? Es gibt ihn nicht, denn beide Erscheinungen sind nur missverständlich beschrieben aber sie haben die gleiche mathematische Ursache! Doch ist Marx mit der Einbeziehung des Durchschnitts ein Stück näher an das gesuchten Naturgesetz heran gerückt. Er übergeht aber, warum auch immer, dass es neben dem arithmetischen noch einen geometrischen Durchschnitt gibt, der an diesem "Witz" der Tendenz zum *Vernünftigen und Naturnotwendigen* beteiligt sein könnte.

Hätte er seine langjährige Analyse des Kapitalismus unter Berücksichtigung des geometrischen Durchschnitts vorgenommen, wäre seine Kritik der politischen Ökonomie realistischer ausgefallen. Er wäre zwar nicht der erste Deutsche gewesen, der das geometrische Mittel als Grundlage eines gerechten und optimalen Austauschverhältnisses erkannt hätte, denn auf dem Friedhof Belitz in Mecklenburg steht ein Grabstein mit der eingemeißelten Formel $A = \sqrt{ap}$. Es ist das Grab des Agrar- und Wirtschaftswissenschaftlers Johann Heinrich von Thünen (1783-1850).

---

11 Adam Smith, WdN, DT Verlag, 1978, S. 371

Die Bestimmung des *natürlichen* Arbeitslohnes **A** ergäbe sich nach ihm aus dem *geometrischen Mittel* des Grundbedarfs **a** eines Arbeiters und dem Wert seines Erzeugnisses **p**.

Thünens Untersuchungen zum natürlichen Arbeitslohn waren schon damals etwas schwer verständlich. Seine deutlichen Warnungen vor den verheerenden Lehren der Kommunisten sind vielleicht auch deshalb nicht gebührend beachtet worden. So haben sich seine Befürchtungen, über die blutigen Folgen kommunistischer Machtausübung leider bestätigt.

Wie hier vorangehend schon gezeigt wurde, kommt bei einer zweiseitigen Arbeitsteilung dem geometrischen Mittel $x = \sqrt{V_1 \cdot V_2}$ eine entscheidende Rolle zu. Es wird aus den beiden vorarbeitsteiligen Aufwandsverhältnissen gebildet. Mit ihm als Austauschfaktor zweier Produkte oder Leistungen wird primär die optimale Minimierung des beidseitigen Aufwandes bewirkt. Die einfache Formel des relativen Minima $y = \sqrt{V_2 : V_1}$ zeigt dann auch, warum bei Wiederholungen ein *tendenzieller Fall* der Einsparungen eintreten muss. Doch es wirken noch andere Gesetzmäßigkeiten.

Da bei Austauschhandlungen in der Regel mehr als zwei Tauschpartner vorhanden sind, gibt es zusätzlich noch kombinatorische Gesetze, die nur scheinbar *blindwirkend* einem übergeordneten Optimum zu arbeiten.

Um das möglichst einfach darzustellen, soll nun modellhaft ein von zwei auf vier Wirtschaftseinheiten erweitertes Beispiel heran gezogen werden.

	Aufwand		Aufwands-verhältnis
	1Produkt$_1$	1Produkt$_2$	
WE$_1$	4	1	4
WE$_2$	3	2	1,5
WE$_3$	2	3	0,67
WE$_4$	1	4	0,25

Es ergeben sich daraus drei verschiedene Kooperations-Alternativen:

$$WE_1 \text{ mit } WE_2 \quad \text{und} \quad WE_3 \text{ mit } WE_4 \quad \text{oder}$$

$$WE_1 \text{ mit } WE_3 \quad \text{und} \quad WE_2 \text{ mit } WE_4 \quad \text{oder}$$

$$WE_1 \text{ mit } WE_4 \quad \text{und} \quad WE_2 \text{ mit } WE_3 \, .$$

Von den drei alternativen Möglichkeiten kann aber nur eine verwirklicht werden. Um diejenige herauszufinden, welche das beste Ergebnis hat, müssen die paarweise verschiedenen Tauschfaktoren zu den Vergleichsrechnungen herangezogen werden. Vereinfachend hilft auch hier die allgemeine Formel des Minimums des relativen Aufwandes bei zweiseitiger Arbeitsteilung.

$$\underset{\text{relativ gesamt}}{\text{Arbeitsteiliger Aufwand}}$$

$$y_{A.rel.ges.} = \frac{x}{V_1} + \frac{V_2}{x}$$

Es wurde aber schon vorangehend herausgearbeitet, dass nur das geometrische Mittel der Aufwandsverhältnisse des betreffenden Paares als Tauschfaktor x das beste Ergebnis bewirkt, nämlich relativ gleiche Aufwandsminima. Doch der Einsatz von $x = \sqrt{V_1 \cdot V_2}$ ist nicht notwendig, denn die weitere Vereinfachung der relativen Minima ergab die allgemeine Form $y_{1,2} = \sqrt{V_2 : V_1}$. Damit sind die Vergleiche weniger aufwendig.

1. Koop.-Alternative			2. Koop.-Alternative			3. Koop.-Alternative		
	$V_{1/2}$	$y_{min.}$		$V_{1/2}$	$y_{min.}$		$V_{1/2}$	$y_{min.}$
WE_1	4	0,61	WE_1	4	0,41	WE_1	4	0,25
WE_2	1,5	0,61	WE_3	0,67	0,41	WE_4	0,25	0,25
WE_3	0,67	0,61	WE_2	1,5	0,41	WE_2	1,50	0,67
WE_4	0,25	0,61	WE_4	0,25	0,41	WE_3	0,67	0,67

Durchschnitt: 0,61*   Durchschnitt: 0,41*   Durchschnitt: 0,46*

*Ergebnisse gerundet

26

Es ergeben sich nun drei unterschiedliche relative Gesamtergebnisse. Trotz relativer Gleichheit der paarweisen Ergebnisse hat die 1. Alternative nicht das kleinste Gesamt-Minima. In der 3. Kooperations-Alternative sind zwar auch paarweise Gleichheiten vorhanden, aber mit deutlich großer Ungleichheit zwischen den Paaren. Dadurch ist das durchschnittliche Minimum doch nur 0,46. Das ist in der mittleren Kooperations-Alternative nicht der Fall. Hier sind wieder keine relativen Ungleichheiten innerhalb und zwischen den Paaren vorhanden und das durchschnittliche minimale Gesamtergebnis von 0,41 ist das kleinste aller drei Alternativen. Die mittlere ist also die optimale Kooperations-Alternative.

Dieses Prinzip der Zuteilung wiederholt sich zwischen allen zahlenmäßig größeren Kooperations-Alternativen, wenn alle arbeitsteiligen Partner mit dem geometrischen Mittel ihrer jeweiligen vor-arbeitsteiligen Aufwands-verhältnisse als Tauschfaktor handeln. Damit kann trotz rasantem Anstieg der Möglichkeiten nach der Fakultät der ungeraden Zahlen die alternativen Kooperationen auf den Vergleich der erste , mittlere und letzte Alternative beschränkt werden. Dazu ein Beispiel mit sechs Wirtschaftseinheiten:

	Aufwand		Aufwands-verhältnis
	1 Produkt$_1$	1 Produkt$_2$	
WE$_1$	6	1	6
WE$_2$	5	2	2,5
WE$_3$	4	3	1,3333
WE$_4$	3	4	0,75
WE$_5$	2	5	0,40
WE$_6$	1	6	0,1667

Auch hier wird nur die erste, mittlere und letzte der nun 15 alternativen Möglichkeiten vergleichend betrachtet, um die prinzipiellen Unterschiede der relativen Ergebnisse erneut zeigen zu können.

Die möglichen Kooperations-Alternativen in Indize-Darstellung:

12 34 56	13 24 56	14 23 56	15 23 46	16 23 45
12 35 46	13 25 46	14 25 36	15 24 36	16 24 35
12 36 45	13 26 45	14 26 35	15 26 34	16 25 34

Auch hier wiederholt sich das gleiche Prinzip der Zuteilung der Ergebnisse. Selbst wenn die Aufwandswerte in der Realität unterschiedlichst groß sind, ändert sich daran nichts. Wichtig ist nur die Anordnung der zugehörigen Aufwandsverhältnisse in absteigender Reihenfolge ihrer Größe einzuhalten, um dann daraus die schematische Auswahl der drei beispielhaften Vergleich-Alternativen zu bilden. Wieder ist es die mittlere Alternative, die nicht nur durchschnittlich das minimalste Gesamtergebnis hat, sondern zusätzlich die geringsten Unterschiede zwischen den Kooperationpaaren aufweist.

1. Kooperations-Alternative		8. Kooperations-Alternative		15. Kooperations-Alternative	
$V_{1...6}$	$y_{1,2\,min.}$	$V_{1...6}$	$y_{1,2\,min.}$	$V_{1...6}$	$y_{1,2\,min.}$
WE_1 6	0,65	WE_1 6	0,35	WE_1 6	0,17
WE_2 2,50		WE_4 0,75		WE_6 0,17	
WE_3 1,33	0,75	WE_2 2,50	0,40	WE_2 2,50	0,40
WE_4 0,75		WE_5 0,40		WE_5 0,40	
WE_5 0,40	0,65	WE_3 1,33	0,35	WE_3 1,33	0,75
WE_6 0,17		WE_6 0,17		WE_4 0,75	
Durchschnitt: 0,68		Durchschnitt: 0,37		Durchschnitt: 0,44	
Max. Unterschied: 0,10		Max. Unterschied: 0,05		Max. Unterschied: 0,58 Da alle Faktoren x = 1	

So können Modelle mit größeren Teilnehmerzahlen, trotz rasch ansteigender kombinatorischer Möglichkeiten, weniger aufwändig verglichen werden.

Denn bei 10 kooperationsbereiten Partnern sind bereits 945 verschiedene Alternativen mit mehr oder weniger unterschiedlichen Ergebnissen möglich, von denen letztlich nur eine realisiert werden kann. Bei 12 potentiellen Partnern ergeben sich schon 945 mal 11 gleich 10395 mögliche Kooperations-Alternativen.

Dieser immer raschere Anstieg an Möglichkeiten hat dann zwangsläufig Folgen für die Wahrscheinlichkeit des Eintreffen einer bestimmten kooperativen Paarbildungs-Alternative. Für eine einzelne, wie die beste aber auch die schlechteste Möglichkeit, wird dann die Wahrscheinlichkeit, sie per Zufall zu treffen, extrem gering. Aber entgegengesetzt wird dafür schon bei den 12 potentiellen Partnern die Wahrscheinlichkeit sehr groß, aus der Fülle von 10395 Möglichkeiten eine bessere als die schlechteste Alternative zu treffen.

Um aber die *nicht-optimale* Wirkung eines allgemein verbindlichen durchschnittliches Austauschverhältnis zeigen zu können, wurden die Beispiele mit 4 bzw. 6 kooperationsbereiten Wirtschaftseinheiten so gestaltet, dass die paarweisen Austauschfaktoren der letzten Alternative mit dem durchschnittlichen Aufwandsverhältnis der beteiligten Wirtschafts-einheiten zusammen fallen. Mit diesen für alle Beteiligten gleichen Tauschfaktoren wurde zwar weder das beste noch das schlechteste Ergebnis erzeugt, jedoch das mit den größten Ungleichheiten zwischen den Kooperationspaaren. Noch drastischer fallen die Ungleichheiten aus, wenn die 1. und ihr naheliegende Kooperations-Alternativen nach einem für alle verbindlichen Tauschfaktor handeln müssten. Diese ungünstigen Fälle werden aber ausgeschlossen, wenn die beteiligten Kooperationspaare ihr jeweils eigenes Austausch - Optimum anstreben dürfen.

Einerseits hätte Karl Marx mit seiner Behauptung: *"Das Vernünftige und Naturnotwendige setzt sich nur als blindwirkender Durchschnitt durch ..."*

scheinbar nicht unrecht, wenn man das Zufällige unter den schnell anwachsenden Wahrscheinlichkeiten als "*blindwirkend*" deutet.

Andererseits handeln die Wirtschaftspartner nicht *blindwirkend*, denn sie streben ihren Aufwand zu minimieren unbewusst den "*geometrischen Durchschnitt*" ihrer jeweiligen Aufwandsverhältnisse als Tauschfaktor an. Diesen geometrischen Durchschnitt, das geometrisches Mittel, kannte Karl Marx scheinbar nicht, denn in seinem umfangreichen Werk ist darüber nichts zu finden und auch die Thünen-Formel war ihm noch unbekannt. Aber auch die um den bestmöglichen Austausch handelnden Wirtschaftspartner können das zum Optimum führende geometrische Mittel ihrer beiden Aufwandsverhältnisse nicht kennen. Es würde aber genügen, wie schon gezeigt, wenn sie nur eine der sechs möglichen Proportionsgleichheiten ihrer absoluten Werte erreichen. Aber auch das ist in der Realität unwahrscheinlich, denn welcher der jeweiligen Partner gibt schon seine Produktionsdaten an den anderen wahrheitsgemäß heraus. Es verbleibt nur das paarweise Handeln um den richtigen Tauschfaktor, der zwischen ihren beiden Aufwandsverhältnissen V_1 und V_2 liegen muss. Nur damit wird beiden Beteiligten je eine Aufwandseinsparung gesichert. Auch wenn die relativ gleichen optimalen Einsparungen nie genau erreicht werden können, so sind sie mit hoher Wahrscheinlichkeit besser als die Ergebnisse, die mit einem verbindlichen arithmetischen Durchschnitt-Faktor x bewirkt werden. Aber das paarweise Aushandeln zum Einsparen von Zeit-Aufwand ist für Marx wegen Vulgärökonomie ausgeschlossen, wie es auch im Kugelmann-Brief vom 11. Juli 1868 vehement zum Ausdruck kommt. Weil *„ die Herren Vulgärökonomen ...... den "Tauschwert" ihrer eignen Sudeleien nicht aus der Masse verausgabter Arbeitskraft, sondern aus der Abwesenheit dieser Verausgabung, nämlich aus "ersparter Arbeit" ableiten.*"[12]

12 Marx Engels Werke, Berlin 1974, Band 32, S.552-554

Ersparte Arbeit oder Aufwand und somit letztlich eingesparte Energie als Ziel des arbeitsteiligen Austausches sollen vulgäre Sudeleien sein? Hier irrt sich der Ökonom Karl Marx aber gewaltig!

Wenn die Überlieferung stimmt, dass sich Marx in häuslicher Arbeitsteilung von seiner Frau Jenny nicht wenige seiner für Außenstehende kaum lesbare Manuskripte in lesbare Schriften übertragen ließ, hat er sich damit nicht auch der von ihm so geschmähten vulgären Ökonomie schuldig gemacht?

Doch Polemik beiseite und zurück zur *„ersparter Arbeit"*: Es wurde schon bei unserer vorangegangener Untersuchung zweiseitiger Arbeitsteilung festgestellt, dass sich eine einsparungslose Wirkung nur bei Gleichheit der beiden Aufwandsverhältnisse V_1 und V_2 ergibt. Die ist aber praktisch unmöglich. Selbst wenn der Einsparungsgewinn nur ein Dreihundertstel[13] sein sollte, wie schon 1776 von Adam Smith in seiner Untersuchung der Natur und der Ursachen des Wohlstands der Nationen beschrieb, aber auf Grund seiner Kleinheit nicht offenkundig, ist das ein Einspar-Problem der gleichen Art.

Es sollte nun klar geworden sein, dass es keinen grundsätzlichen Unterschied zwischen der "unsichtbarer Hand" des Adam Smith und dem "blindwirkenden Durchschnitt" des Karl Marx zum *"Vernünftigen und Naturnotwendigen"* gibt. Beide umschreiben ein und die selbe Erscheinung in sich entwickelnden arbeitsteiligen Gesellschaften und haben die gleichen mathematischen Ursachen. Aber Karl Marx hat mit seiner erbitterten Ablehnung *„ersparter Arbeit"* als ein mögliches Maß des Austausches sich selbst der Möglichkeit beraubt, das Geheimnis der Wertform[14] zu entschlüsseln und somit für kritische Leser eine unvollständige und teilweise verwirrende Analyse der politischen Ökonomie hinterlassen.

---

13 A. Smith, Der Wohlstand der Nationen: DTV, 1990, S. 373
14 K. Marx, Das Kapital: Dietz Verlag 1963, S.53

Literaturverzeichnis

Aristoteles: Nikomachische Ethik. Düsseldorf/Zürich: Artemis & Winkler Verlag 2001.

Lenin Werke. Berlin: Dietz Verlag 1959, Band 12

Marx, Karl: Das Kapital. Berlin: Dietz Verlag 1960.

Ricardo, David: Über die Grundsätze der Politischen Ökonomie und der Besteuerung. Marburg: Metropolis Verlag 1994.

Smith, Adam: Der Wohlstand der Nationen. München: Deutscher Taschenbuch Verlag 1978.

Thünen, Johann Heinrich von: Der isolierte Staat: Scentia Verlag Aalen. 1990